Inhalt

Was kostet gutes Essen?

Dieses Buch ist ein Experiment. Zum einen geht es darum, mit dem Low-Carb-Prinzip auf einfache Weise lästiges Körperfett loszuwerden. Zum anderen soll es eine Antwort auf folgende Frage sein: Was kostet gutes gesundes Essen?

Ich war selbst neugierig, was dabei herauskommt, wenn man beim Einkauf nicht mehr unbedingt aus dem Vollen schöpft, sondern vor allem preisbewusst entscheidet. Ist es überhaupt möglich, sich für kleines Geld ausgewogen und vernünftig zu ernähren? Als Ziel hatte ich mir vorgenommen, dass ein Gericht nicht mehr als 4 Euro pro Portion (p. P.) kosten soll.

Doch was bekommt man dafür? Erstaunlich viel. Klar war, dass Suppen, Eintöpfe, Salate und Omeletts eine sichere Bank sein würden. Doch selbst eine Gurkensuppe mit Thunfischtatar (3,15 € p. P.) oder eine Kohlrabicreme mit Jakobsmuscheln (2,99 € p. P.) waren mit dem schmalen Budget machbar. Knapp wurde es dagegen immer, sobald Fleisch ins Spiel kam. Mit dem Rindergulasch Thai-Style (4,17 € p. P.) und dem Blumenkohl-Hähnchen-Curry (4,16 € p. P.) habe ich die 4-Euro-Marke dann auch geknackt. Wobei bei Letzterem die Portionen eher üppig ausfallen. Die Linsensuppe mit feuriger Chorizo (3,50 € p. P.) oder die Mini-Buletten mit Rahmwirsing (1,99 € p. P.) waren dann jedoch locker wieder ohne Probleme bezahlbar. Selbst wer mit einem kleinen Budget haushält, muss also nicht ganz auf Fleisch oder Wurst verzichten. Und auch nicht auf gute Zutaten. Feta, Pinienkerne, Walnüsse, Mangold, Feigen – all das ist in den Rezepten mit dabei. Sie sollen ja nicht darben, sondern günstig UND gut essen. Ich hätte die Karotten-Kardamom-Suppe (2,28 € p. P.) zum Beispiel locker einen ganzen Euro günstiger machen können, wenn ich nicht noch eine ordentliche Ladung geröstete Cashewnüsse für 2,50 € dazugegeben hätte. Die Nüsse machen nicht nur satt, mit ihnen schmeckt die Suppe auch einfach besser. Ich habe auch nicht immer nach den billigsten verfügbaren Zutaten geschaut, sondern auf eine vernünftige Qualität geachtet, mit der ich in der Küche gern arbeite. Die

Daniel
Wiechmann

LOW-CARB
für kleines Geld

40 kohlenhydratarme und günstige Rezepte

Bibliografische Information der Deutschen Nationalbibliothek
Die Deutsche Nationalbibliothek verzeichnet diese Publikation in der Deutschen Nationalbibliografie.
Detaillierte bibliografische Daten sind im Internet über http://d-nb.de abrufbar.

Für Fragen und Anregungen:
info@rivaverlag.de

Originalausgabe
1. Auflage 2017

© 2017 by riva Verlag, ein Imprint der Münchner Verlagsgruppe GmbH
Nymphenburger Straße 86
D-80636 München
Tel.: 089 651285-0
Fax: 089 652096

Redaktion: Eva Siegmund
Umschlaggestaltung: Laura Osswald
Umschlagabbildung: Sarsmis/iStockphoto.com, stockphoto mania/Shutterstock.com
Satz: Satzwerk Huber, Germering
Druck: Florjancic Tisk d.o.o., Slowenien
Printed in the EU

ISBN Print 978-3-7423-0157-4
ISBN E-Book (PDF) 978-3-95971-604-8
ISBN E-Book (EPUB, Mobi) 978-3-95971-603-1

Weitere Informationen zum Verlag finden Sie unter

www.rivaverlag.de

Beachten Sie auch unsere weiteren Verlage unter www.m-vg.de

Zutatenpreise in der Tabelle auf S. 60–61 spiegeln das hoffentlich wider. Es geht mir mit diesem Buch nicht vordergründig darum, Geld beim Essen zu sparen, sondern anschaulich darzustellen, wie günstig frische, gesunde Küche wirklich sein kann.

Um das zu belegen, habe ich eine große Tabelle angelegt und darin die Kilopreise sämtlicher Zutaten eingetragen. Die Preise stammen aus einem Münchner Supermarkt sowie einem sehr gut sortierten Gemüseladen (Stand November 2016). In diese Zutatentabelle habe ich dann Rezept für Rezept eingetragen und die Preise für jede Zutat, die Sie verkochen, berechnet. Diese Preise sind zusammen mit dem Preis pro Portion bei jedem Rezept aufgeführt. Gewürze wie Salz, Pfeffer, Curry, Kümmel oder Anis habe ich ausgenommen. Kräuter wie Petersilie, Koriander oder Ingwer sind dagegen preislich bereits in den Rezepten enthalten. Diese habe ich besonders großzügig kalkuliert, da die Preise und Bundgrößen sehr stark variieren. Die »fehlenden« Gewürze sind auf einer eigenen Seite samt Preisen aufgeführt (als Grundanschaffung). Mit den dort aufgeführten Gewürzen kommen Sie locker durch alle Rezepte.

Das Ergebnis ist wirklich verblüffend. Eine konsequente Low-Carb-Küche mit hohem Gemüse- und geringem Fleischanteil ist nicht nur gut, um nachhaltig abzunehmen, sondern schont auch noch die Haushaltskasse. Zum Vergleich: Das teuerste Gericht in diesem Buch ist sogar noch etwas günstiger als ein Hamburger Royal TS.

Abnehmen mit dem Low-Carb-Prinzip

Low-Carb macht süchtig. Wer einmal damit angefangen hat, hört nicht mehr damit auf. Der Hauptgrund: Low-Carb funktioniert hervorragend, um Körperfett abzubauen, und fühlt sich einfach gut an. Low-Carb ist so, wie wir eigentlich essen sollten. Ein Blick auf die Nährstoffpyramide wird Ihnen das bestätigen. Die Basis unserer Nahrung sollte möglichst viel Gemüse und Obst sein. Erst dann kommen kohlenhydratreiche Lebensmittel wie Nudeln, Reis und Brot, Milchprodukte, Fleisch und Fett. Low-Carb ist daher keine Diät im herkömmlichen Sinne, sondern vollzieht vielmehr eine Umverteilung von dem, was wir essen.

Low-Carb ist nicht gleich No-Carb. Sie sollten sich daher nicht wundern, wenn in einigen Rezepten auch mit Honig, Ahornsirup oder Zucker gearbeitet wird. Und auch Linsen oder Kartoffeln sollten Sie wegen ihres relativ hohen Kohlenhydratanteils nicht gleich komplett vom Speiseplan streichen. Gerade an Tagen, an denen Sie sich viel bewegt haben, ist es wichtig, dass Sie Ihre Kohlenhydratspeicher wieder auffüllen. Wirft man einen Blick auf die gängigen Ernährungsempfehlungen, sieht man, wie wichtig Kohlenhydrate für uns sind. Unser Körper gewinnt seine Energie aus insgesamt drei Quellen: aus Proteinen, Fetten und Kohlenhydraten. Alle drei Nahrungsquellen sind essenziell, auch die Kohlenhydrate. Ohne sie würde unser Körper nicht funktionieren. Gut die Hälfte unserer täglichen Energie – da sind sich die Food-

Experten einig – sollte aus Kohlenhydraten stammen. Bei Frauen sind das um die 260 g pro Tag, bei Männern etwa 300 g (jeweils abhängig vom Gewicht und dem Grad der täglichen Bewegung). Wer jedoch Fett loswerden will, sollte diese Werte deutlich unterschreiten. Als Richtlinie gelten ungefähr 150 g Kohlenhydrate pro Tag – und die Fettschmelze kann beginnen.

Fehlen unserem Körper die wichtigen Kohlenhydrate, hat er nämlich einen Plan B. Er holt sich seine Kohlenhydrate einfach woanders: nämlich aus seinen Fettzellen, die genau für diesen Katastrophenfall (nichts anderes ist ein Nährstoffmangel) angelegt wurden. Wer sich Low-Carb ernährt, kurbelt seinen Fettstoffwechsel an. Vorausgesetzt, er bewegt sich und treibt Sport. Bei jedem Mangel, den unser Körper erfährt, versucht er erst einmal, den Energielevel zu senken. Deswegen machen Diäten im wahrsten Sinne des Wortes schlapp. Ein Körper, der lange auf Diät gesetzt wird, baut Muskeln und sogar Knochen ab. Schließlich verbrauchen Muskeln, auch ohne dass sie

bewegt werden, sehr viel Energie. Wer abzunehmen versucht und sich dabei nicht regelmäßig bewegt, verliert zwar Gewicht, aber nicht unbedingt Fett. Noch fataler ist: Wer Diät ohne Sport macht, gewöhnt seinen Körper an den niedrigeren Energielevel. Isst man nach der Diät wieder normal, nimmt man plötzlich rasant zu. Eine ausgewogene Low-Carb-Ernährung ist daher nur ein Teil eines funktionierenden Abnehmplans. Der andere ist viel Bewegung, die dem Muskelerhalt oder sogar dem Muskelaufbau dient. Kombiniert man eine konsequente Low-Carb-Ernährung mit einem vernünftigen Bewegungsprogramm, ist das Abnehmergebnis wirklich verblüffend.

Die Rezepte in diesem Buch

In diesem Buch finden Sie Low-Carb-Rezepte in folgenden Kategorien:

* Suppen
* Salate
* Omeletts
* Was mit Fleisch
* Klassiker
* Aus aller Welt

Das günstigste Gericht, eine Tomatensuppe mit Oliven, kostet 1,01 € p. P. Das teuerste ist das Rindergulasch Thai-Style mit 4,17 € p. P. Insgesamt haben wir über 170 Zutaten verkocht, inklusive Gewürzen. Folgende Gewürze sind in den Rezepten nicht mit Preisen ausgezeichnet. Hier sehen Sie, was Sie in die Anschaffung investieren müssen:

* Bockshornkleesamen, 1,50 € (100 g)
* braune Senfsamen, 1 € (100 g)
* Cayennepfeffer, 2 € (100 g)
* Chiliflocken, 3,20 € (60 g)
* Chilipulver, 1,50 € (100 g)
* Currypulver, 2,30 € (100 g)
* Kardamom, 1,80 € (8 g)
* Koriandersamen (gemahlen), 2 € (25 g)
* Kreuzkümmel, 3,50 € (70 g)
* Kurkuma, 4,20 € (60 g)
* Majoran (getrocknet), 3,60 € (40 g)
* Muskatnuss, 2,30 € (1 St.)
* Nelken (gemahlen), 1,80 € (10 g)
* Oregano (getrocknet), 2 € (13 g)

* Paprikapulver (edelsüß), 3,50 € (60 g)
* Pfeffer, 4 € (80 g)
* Piment d'Espelette, 2,30 € (35 g)
* Ras el-Hanout, 3,30 € (50 g)
* Rosmarin (getrocknet), 2 € (20 g)
* Salz, 2 € (1 kg)
* schwarze Senfsamen, 1 € (100 g)
* Sesamsamen, 2 € (250 g)
* Sternanis, 3 € (100 g)
* Thymian, 2 € (20 g)
* Thymianzweig, 1,30 € (12 g)
* Wacholderkörner, 2 € (30 g)
* Zimt (gemahlen), 3,50 € (100 g)
* Zucker, 2,50 € (500 g)

Gesamtausgaben: ca. 67 €

Die Preise sind ebenfalls im Gewürzregal eines normalen Münchner Supermarktes recherchiert. Natürlich sind 67 € nur für Gewürze eine Menge Geld. Doch zum Glück reichen diese ja auch eine ganze Weile und sorgen dafür, dass selbst einfachste Zutaten wie Blumenkohl oder Zucchini geschmacklich aufblühen.

Sie finden bei jedem Rezept Nährwertangaben. Kcal steht für Kilokalorien, KH für Kohlenhydrate, E für Eiweiß und F für Fett. Einige Rezepte sind für 2, andere für mehr Portionen berechnet (so werden die Zutaten, vor allem das Gemüse, am besten verwertet und es bleibt nichts übrig).

Und nun? Guten Appetit beim Abnehmen!

Suppen

Karotten-Kardamom-Suppe

Ergibt: 2–3 Portionen ✳ Zubereitung: 25 Min.
Nährwerte (pro Portion): 373 kcal, KH: 23 g, E: 11 g, F: 25 g

Einkaufsliste:
1 Zwiebel (0,18 €)
400 g Karotten (0,60 €)
2 Stangen Staudensellerie
(0,35 €)
1 EL Olivenöl (0,14 €)
1 l Gemüsebrühe (0,31 €)
10 Körner schwarzer Pfeffer
1 Lorbeerblatt (0,09 €)
1 TL Kardamom (gemahlen)
100 g Cashewnüsse
(2,50 €)
Salz
50 g Ricotta (0,40 €)

So wird's gemacht:
1. Zwiebel schälen und fein hacken. Karotten schälen und in Scheiben schneiden. Sellerie waschen und in Streifen schneiden.
2. Öl einem Topf erhitzen. Zwiebeln, Karotten und Sellerie anschwitzen. Brühe angießen und aufkochen. Pfefferkörner, Lorbeer und Kardamom dazugeben. Alles 20 Min. köcheln lassen.
3. Unterdessen die Cashewnüsse in einer Pfanne ohne Öl anrösten.
4. Die fertige Suppe pürieren. Mit Salz abschmecken. In einer Schüssel anrichten, mit Cashewnüssen, Ricotta und frischen Kräutern nach Belieben garnieren und servieren.

(Foto siehe Seite 11)

Gelbe Zucchini-Paprika-Suppe mit Speck

Ergibt: 2 Portionen * Zubereitung: 30 Min.
Nährwerte (pro Portion): 327 kcal, KH: 26 g, E: 22 g, F: 14 g

Einkaufsliste:

2 gelbe Zucchini (1 €)
*3 gelbe Paprikaschoten
(2,33 €)*
2 Schalotten (0,30 €)
2 Knoblauchzehen (0,05 €)
1 EL Olivenöl (0,14 €)
*350 ml Gemüsefond
(0,14 €)*
200 ml Kokosmilch (0,80 €)
1 Msp. Piment d' Espelette
Salz
Pfeffer
1 Prise Muskat
1 Prise Zucker
*3 Scheiben Schinkenspeck
(2,24 €)*

So wird's gemacht:

1. Zucchini waschen und grob würfeln.
2. Paprika mit heißem Wasser überbrühen und häuten. Entkernen und das Fruchtfleisch grob würfeln.
3. Schalotten und Knoblauch schälen und fein hacken. Beides in einem Topf mit Olivenöl bei mittlerer Hitze anschwitzen. Zucchini und Paprika dazugeben und mit anschwitzen. Den Gemüsefond angießen und alles für 15 Min. köcheln lassen.
4. Die Suppe mit einem Pürierstab pürieren. Kokosmilch und Piment d' Espelette dazugeben. Mit Salz, Pfeffer und Muskat abschmecken und eine Prise Zucker dazugeben.
5. Schinken in einer Pfanne anbraten, bis er kross geworden ist. In kleine Streifen schneiden.
6. Suppe in einen Teller geben, mit Schinken garnieren und servieren.

Beste Bohnensuppe

Preis pro Portion **1,19 €**

Ergibt: 4–6 Portionen ✳ Zubereitung: 55 Min. + 12 Std.
Nährwerte (pro Portion): 264 kcal, KH: 16 g, E: 13 g, F: 16 g

Einkaufsliste:

250 g getrocknete weiße Bohnen (0,75 €)
1 ½ l Wasser
3 Stangen Staudensellerie (0,53 €)
1 Paprikaschote (rot, 0,78 €)
1 Zucchini (0,40 €)
3 EL Olivenöl (0,41 €)
50 g Parmesan (Rindenstück, 1 €)
12 Stängel Petersilie (0,40 €)
Pfeffer
Salz
Saft einer Zitrone (0,50 €)

So wird's gemacht:

1. Die Bohnen 12 Stunden lang über Nacht in 1 ½ l Wasser einweichen.
2. Die eingeweichten Bohnen in einem großen Topf eine Stunde lang kochen. Die Bohnen aus dem Topf nehmen. Das Kochwasser auffangen und beiseitestellen.
3. Sellerie waschen, putzen und in feine Scheiben schneiden. Paprika putzen, entkernen, waschen und in feine Streifen schneiden. Zucchini waschen, halbieren und in Scheiben schneiden.
4. Öl in dem Topf erhitzen und das Gemüse bei mittlerer Hitze 5 Min. dünsten. Bohnen dazugeben. Das Kochwasser angießen. Das Gemüse sollte vollständig mit Wasser bedeckt sein. Liegt es noch frei, mit frischem Wasser auffüllen. Die Rinde vom Parmesan abschneiden und in den Topf geben. Alles 30 Min. köcheln lassen.
5. Die Parmesanrinde aus dem Topf nehmen. 3 Kellen der Suppe abschöpfen und in einem Becher fein pürieren. In die Suppe zurückgeben. Petersilie waschen und fein hacken. In die Suppe geben. Mit Salz und Pfeffer abschmecken. Die Suppe anrichten, mit Zitronensaft beträufeln und mit geriebenem Parmesan garnieren. Servieren.

Wer mag, kann auch noch eine kleine Speckschwarte in der Suppe mitkochen.

Parmesansuppe

Preis pro Portion
3,87 €

Ergibt: 2–3 Portionen ✳ Zubereitung: 50 Min.
Nährwerte (pro Portion): 724 kcal, KH: 8 g, E: 22 g, F: 59 g

Einkaufsliste:

2 Schalotten (0,30 €)
1 Knoblauchzehe (0,02 €)
200 g Parmesan (4 €)
12 Stängel Petersilie
(0,40 €)
3 EL Rapsöl (0,32 €)
Salz
Pfeffer
1 EL Butterschmalz (0,16 €)
60 ml Weißwein (0,30 €)
60 ml Noilly Prat (1,02 €)
500 ml Hühnerbrühe
(0,24 €)
1 EL Risotto-Reis (0,08 €)
250 ml Sahne (0,90 €)

So wird's gemacht:

1. Schalotten und Knoblauch schälen und fein hacken. Parmesan reiben. Petersilie waschen und hacken.
2. Die Petersilie mit dem Rapsöl mit einem Stabmixer pürieren. Mit Salz und Pfeffer abschmecken.
3. Schalotten und Knoblauch in einem Topf mit etwas Butterschmalz anschwitzen. Mit Weißwein ablöschen. Noilly Prat und Fleischbrühe angießen. Risotto-Reis dazugeben. Alles aufkochen und bei mittlerer Hitze um die Hälfte reduzieren (15–20 Min.).
4. Die Sahne angießen. Kurz aufkochen. Parmesan dazugeben. Alles gut vermischen und mit Salz und Pfeffer abschmecken. Die Suppe durch ein Sieb passieren.
5. Die Suppe anrichten und mit dem Petersilien-Öl beträufeln. Servieren.

Eine meiner Lieblingssuppen nach dem Sport: gehaltvoll und mit viel Eiweiß. Da stören auch die Extrakalorien nicht.

Kichererbsensuppe

Preis pro Portion
1,61 €

Ergibt: 4 Portionen ✳ Zubereitung: 45 Min.
Nährwerte (pro Portion): 216 kcal, KH: 26 g, E: 11 g, F: 7 g

Einkaufsliste:
1 Zwiebel (0,18 €)
1 Knoblauchzehe (0,02 €)
1 Karotte (0,17 €)
3 Stangen Staudensellerie (0,53 €)
12 Stängel Petersilie (0,40 €)
3 Stängel Salbei (0,96 €)
2 Rosmarinzweige (0,86 €)
1 Lorbeerblatt (0,18 €)
Küchengarn
1 EL Olivenöl (0,14 €)
400 g Kichererbsen (1,84 €)
250 g Tomaten (stückig, 0,70 €)
1 ½ l Gemüsebrühe (0,47 €)
Salz
Pfeffer

So wird's gemacht:

1. Zwiebel und Knoblauch fein hacken. Karotte und Sellerie waschen. In feine Scheiben schneiden. Petersilie waschen und hacken.

2. Aus Salbei, Rosmarin und Lorbeer mit etwas Küchengarn ein Kräutersträußchen binden.

3. Öl in einem Topf erhitzen. Zwiebeln, Knoblauch, Karotten und Staudensellerie bei mittlerer Hitze 5 Min. lang anschwitzen. Kichererbsen abtropfen, einige zum Garnieren beiseitelegen. Kichererbsen zusammen mit den Tomaten in den Topf geben und kurz mitdünsten. Die Brühe angießen und kurz aufkochen. Das Kräutersträußchen dazugeben und alles 15 Min. bei geringer Hitze ziehen lassen.

4. Kräutersträußchen entfernen und die Suppe mit einem Stabmixer fein pürieren. Mit Salz und Pfeffer abschmecken. Suppe mit Petersilie und den restlichen Kichererbsen garnieren und servieren.

Linsensuppe mit Chorizo

Preis pro Portion
3,44 €

Ergibt: 4 Portionen ✳ Zubereitung: 60 Min.

Nährwerte (pro Portion): 464 kcal, KH: 19 g, E: 15 g, F: 35 g

Einkaufsliste:

2 Zwiebeln (0,36 €)
2 Karotten (0,33 €)
1 Petersilienwurzel (0,96 €)
100 g Knollensellerie
(0,20 €)
2 kl. Kartoffeln (0,23 €)
5 EL Butter (0,43 €)
200 g Puy-Linsen (1,48 €)
1 ½ l Wasser
Salz
Pfeffer
1 TL Thymian
12 Stängel Petersilie
(0,40 €)
350 g Chorizo (7 €)
2 Tomaten (0,60 €)
3–4 EL Balsamico (0,30 €)
1 TL Dijonsenf (0,15 €)
1 Bund Schnittlauch
(1,30 €)

So wird's gemacht:

1. Zwiebeln, Karotten, Petersilienwurzel, Sellerie und Kartoffeln schälen und fein würfeln.

2. 2 EL Butter in einem Topf erhitzen. Zwiebeln 2 Min. andünsten. Gemüse dazugeben und ca. 2 Min. anbraten. Linsen und 1 ½ Liter Wasser hinzufügen. Salzen und pfeffern. Thymian und Petersilie hinzugeben und alles aufkochen lassen. Anschließend bei mittlerer Hitze 40 Min. köcheln lassen.

3. Chorizo in Scheiben schneiden. Ohne Fett in einer Pfanne knusprig braten. Chorizo mit einer Gabel aus der Pfanne nehmen, das Fett in der Pfanne belassen. Die Wurststücke auf Küchenpapier abtropfen lassen. Tomaten vierteln und im Chorizo-Fett ca. 2 Min. braten.

4. Die restliche Butter in einer Pfanne aufschäumen lassen. Mit Balsamico und Senf unter die Suppe rühren. Mit Salz abschmecken. Schnittlauch waschen und in Röllchen schneiden. Die Suppe anrichten. Mit Chorizo, gebratenen Tomaten und Schnittlauch garnieren.

Kalte Gurkensuppe mit Thunfischtatar

Preis
pro Portion
3,14 €

Ergibt: 4 Portionen * Zubereitung: 35 Min.
Nährwerte (pro Portion): 215 kcal, KH: 5 g, E: 13 g, F: 16 g

Einkaufsliste:

2 Salatgurken (1,60 €)
900 ml Gemüsebrühe (0,28 €)
2 EL Olivenöl (0,27 €)
30 g Sushi-Ingwer (0,18 €)
3 EL Zitronensaft (0,16 €)
Salz
Pfeffer
1 EL Sesamsamen
200 g Thunfischfilet (Sushi-Qualität, 9 €)
½ rote Zwiebel (0,14 €)
½ Bund Schnittlauch (0,65 €)
2 TL Sesamöl (0,28 €)

So wird's gemacht:

1. Gurken schälen und der Länge nach halbieren. Die Kerne entfernen. Gurken zusammen mit der Gemüsebrühe, 1 EL Olivenöl, Sushi-Ingwer und 2 EL Zitronensaft in einen hohen Becher geben. Mit dem Stabmixer fein pürieren. Mit Salz und Pfeffer abschmecken.

2. Sesamsamen in einer Pfanne ohne Fett rösten. Beiseitestellen.

3. Thunfischfilets waschen, trockentupfen und in sehr feine Würfel schneiden (3 mm). Zwiebel schälen und fein hacken. Schnittlauch waschen und trocken schütteln. In sehr feine Ringe schneiden. Alles zusammen mit den Sesamsamen in eine Schüssel geben. Restlichen Zitronensaft, Sesam- und Olivenöl hinzugeben und alles gut vermischen. Mit Salz und Pfeffer abschmecken.

4. Suppe in einen Teller füllen. Je einen Klecks vom Thunfischtatar in die Mitte geben und servieren.

Kalte Kartoffel-Senfsuppe

Preis
pro Portion
1,86 €

Ergibt: 4–5 Portionen ✳ Zubereitung: 40 Min. + 2 Std.
Nährwerte (pro Portion): 287 kcal, KH: 31 g, E: 15 g, F: 10 g

Einkaufsliste:

500 g Kartoffeln (0,75 €)
4 Eier (1,10 €)
2 Lauchzwiebeln (0,16 €)
6 Radieschen (0,48 €)
1 Salatgurke (0,80 €)
1 Bund Schnittlauch
(1,30 €)
3 Stängel Dill (0,33 €)
250 g saure Sahne (0,70 €)
1 l Buttermilch (1,60 €)
2 EL körniger Dijon-Senf
(0,20 €)
Salz
Pfeffer

So wird's gemacht:

1. Kartoffeln schälen und in Salzwasser gar kochen. Die Eier zusammen mit den Kartoffeln hart kochen.
2. Lauchzwiebeln waschen, putzen und in feine Ringe schneiden. Radieschen waschen und in feine Scheiben schneiden. Salatgurke waschen, viertteln, die Kerne entfernen und fein würfeln. Die gar gekochten Kartoffeln in Würfel schneiden. Alles miteinander vermischen.
3. Eier schälen, halbieren und den Dotter herauslösen. Das Eiweiß würfeln und unter das Gemüse mischen. Schnittlauch und Dill waschen, trockenschütteln und hacken.
4. Saure Sahne, Buttermilch, Eidotter und Senf mit einem Stabmixer zu einer glatten Masse verrühren. Mit Salz und Pfeffer abschmecken. Mit dem Gemüse vermischen. Vor dem Servieren ca. 2 Stunden kühlen.

Besonders schön sieht die Suppe aus, wenn man sie mit einigen Scheiben Radieschen und einigen Stücken Gurke sowie etwas Dill garniert.

Blumenkohl-Gorgonzola-Suppe

Preis
pro Portion
1,99 €

Ergibt: 4 Portionen ✱ Zubereitung: 35 Min.
Nährwerte (pro Portion): 380 kcal, KH: 10 g, E: 18 g, F: 29 g

Einkaufsliste:
2 Zwiebeln (0,36 €)
1 Blumenkohl (1,76 €)
1 TL Butter (0,06 €)
1 Thymianzweig
1 Lorbeerblatt (0,09 €)
1 l Hühnerbrühe (0,47 €)
250 g Gorgonzola (4,50 €)
6 Stängel Petersilie (0,20 €)
*100 g Crème fraîche
(0,30 €)*
*1 EL körniger Dijonsenf
(0,20 €)*

So wird's gemacht:

1. Zwiebeln schälen und fein hacken. Den Blumenkohl waschen und in kleine Röschen brechen. Butter in einem Topf erhitzen. Die Zwiebeln darin 3 Min. anschwitzen. Blumenkohl, Thymian und Lorbeerblatt dazugeben. 4 Min. mitdünsten. Die Hühnerbrühe angießen und aufkochen. Hitze reduzieren und 20 Min. köcheln lassen.

2. Den Gorgonzola zerbröckeln und in die Suppe geben. Schmelzen lassen. Thymianzweig und Lorbeerblatt entfernen und alles mit einem Stabmixer pürieren. Petersilie waschen, trocken schütteln und hacken und anschließend zusammen mit Crème fraîche und Dijon-Senf zur Suppe geben. Mit Salz und Pfeffer abschmecken und servieren.

Kohlrabicremesuppe mit Jakobsmuscheln

Ergibt: 4 Portionen ✳ Zubereitung: 50 Min.
Nährwerte (pro Portion): 468 kcal, KH: 31 g, E: 11 g, F: 31 g

Einkaufsliste:
2 Zwiebeln (0,36 €)
600 g Kohlrabi (1,40 €)
150 g Kartoffeln (mehlig kochend, 0,23 €)
2 Äpfel (0,41 €)
2 EL Butterschmalz (0,31 €)
1,2 l Gemüsebrühe (0,37 €)
½ Bund Kerbel (0,50 €)
3 EL Rapsöl (0,23 €)
Salz
Pfeffer
250 g Schlagsahne (0,90 €)
8 Jakobsmuscheln (7,20 €)
1 TL Butter (0,06 €)

So wird's gemacht:
1. Zwiebeln schälen und würfeln. Kohlrabi und Kartoffeln schälen. Beides in grobe Würfel schneiden. Äpfel schälen, das Kerngehäuse entfernen und den Apfel grob würfeln.
2. Butterschmalz in einem großen Topf erhitzen. Zwiebeln bei mittlerer Hitze glasig dünsten (3 Min.). Kohlrabi, Kartoffeln und Apfel hinzugeben und 2 Min. mitdünsten. Die Gemüsebrühe angießen und alles 30 Min. köcheln lassen.
3. Kerbel waschen und trocken schütteln. Die Blättchen abzupfen. Kerbel und Rapsöl in einen hohen Becher geben und mit einem Stabmixer pürieren. Mit Salz und Pfeffer abschmecken.
4. Die Suppe in einem hohen Gefäß fein pürieren. Durch ein Sieb zurück in den Topf gießen. Sahne dazugeben. Alles noch einmal kurz aufkochen. Mit Salz und Pfeffer abschmecken. Die Suppe warmhalten.
5. Jakobsmuscheln abbrausen, trocken tupfen und salzen. Butter in einer Pfanne erhitzen. Die Muscheln von beiden Seiten anbraten (je 1 Min.).
6. Suppe auf einem Teller oder in einer Schüssel anrichten. Jakobsmuschen hinzugeben und mit dem Kerbelöl garnieren.

Tomatensuppe mit Oliven

Preis pro Portion
1,01 €

Ergibt: 4 Portionen ✳ Zubereitung: 30 Min.
Nährwerte (pro Portion): 150 kcal, KH: 16 g, E: 3 g, F: 8 g

Einkaufsliste:
1 Süßkartoffel (0,60 €)
1 Schalotte (0,15 €)
1 Knoblauchzehe (0,02 €)
2 EL Olivenöl (0,27 €)
400 g Tomaten (Dose, 1,12 €)
500 ml Gemüsebrühe (0,16 €)
2 Stängel Basilikum (0,26 €)
1 cm Ingwer (gerieben, 0,06 €)
2 Sternanis
Salz
Pfeffer
100 g Oliven (entsteint, 1,40 €)

So wird's gemacht:
1. Die Kartoffel schälen und in kleine Würfel schneiden. Schalotte und Knoblauch schälen und fein hacken.
2. Öl in einem großen Topf erhitzen. Schalotte und Knoblauch bei mittlerer Hitze anschwitzen (ca. 2 Min.). Kartoffel hinzugeben und 3–5 Min. mitdünsten.
3. Tomaten und Gemüsebrühe dazugeben. Alles gut umrühren. Basilikum, Ingwer und Sternanis ebenfalls in den Topf geben. Alles 10 Min. köcheln lassen. Dann den Sternanis entfernen und alles weitere 10 Min. köcheln lassen.
4. Die Suppe mit einem Stabmixer pürieren. Mit Salz und Pfeffer abschmecken.
5. Oliven halbiert oder ganz in die Suppe geben. Noch einmal kurz aufkochen und servieren.

Man kann die Suppe auch mit etwas gehacktem Basilikum garnieren.

Salate

Hähnchen-Salat mit Apfel und Sellerie

Preis
pro Portion
4 €

Ergibt: 2 Portionen ✳ Zubereitung: 60 Min.
Nährwerte (pro Portion): 453 kcal, KH: 15 g, E: 66 g, F: 13 g

Einkaufsliste:

*600 g Hähnchenbrustfilet
(6 €)
5 Pimentkörner
5 Pfefferkörner
2 Lorbeerblätter (0,18 €)
2 Äpfel (süß, 0,41 €)
2 Stangen Staudensellerie
(0,35)
½ Bund Schnittlauch
(0,65 €)
2 EL Mayonnaise (0,18 €)
Salz
Pfeffer
2 EL Weißweinessig
(0,22 €)*

So wird's gemacht:

1. Hähnchenbrust in einen Topf geben und mit Wasser bedecken. Piment- und Pfefferkörner sowie Lorbeerblätter hinzufügen. Kurz aufkochen, Hitze reduzieren und 20 Min. köcheln lassen. Fleisch in mundgerechte Stücke reißen. In eine Salatschüssel geben.

2. Äpfel waschen, putzen und das Kerngehäuse entfernen. In feine Würfel schneiden. Sellerie waschen, putzen und in dünne Scheibchen schneiden. Schnittlauch waschen und in feine Röllchen schneiden. Alles zum Huhn geben.

3. Mayonnaise, Salz, Pfeffer und Essig in die Schüssel geben. Alles gut durchmischen. Für ca. 30 Min. ziehen lassen. Noch mal mit Salz und Pfeffer abschmecken und servieren.

Mit Petersilie garniert sieht der Salat besonders hübsch aus.

(Foto siehe Seite 23)

Scharfer Bohnen-Salat mit Walnüssen und Zitrone

Ergibt: 2 Portionen ✳ Zubereitung: 30 Min.
Nährwerte (pro Portion): 280 kcal, KH: 13 g, E: 11 g, F: 19 g

Einkaufsliste:
60 g Walnüsse (1,05 €)
*500 g grüne Bohnen
(2,50 €)*
1 Zitrone (0,50 €)
1 Chilischote (rot, 0,30 €)
35 g Butter (0,25 €)
Salz
Pfeffer

So wird's gemacht:

1. Walnüsse hacken und in einer Pfanne ohne Öl rösten.
2. Bohnen waschen und putzen. Die Bohnen 10 Min. dämpfen (Topf mit Dämpfeinsatz oder Bambus-Dampfkorb).
3. Zitronenschale reiben. Zitrone auspressen. Chili waschen und in Streifen schneiden. Butter schmelzen. Alles miteinander vermischen.
4. Die Bohnen auf einem Teller anrichten. Die scharfe Zitronenbutter sowie Walnüsse darübergeben. Salzen und pfeffern und servieren.

Wer statt frischer Bohnen TK-Ware verwendet, kann den Preis pro Portion noch mal um ganze 0,70 € drücken.

Grüner Gemüsesalat

Ergibt: 3 Portionen ✳ Zubereitung: 30 Min.
Nährwerte (pro Portion): 482 kcal, KH: 33 g, E: 23 g, F: 27 g

Einkaufsliste:
2 Knoblauchzehen (0,05 €)
½ Zitrone (0,25 €)
1 TL Senf (mittelscharf, 0,05 €)
1 TL Honig (0,30 €)
3 EL Olivenöl (0,41 €)
Salz
Pfeffer
1 Zucchini (0,40 €)
300 g TK-Erbsen (0,81 €)
300 g Zuckerschoten (3,90 €)
10 Blätter Minze (0,13 €)
2 Lauchzwiebeln (0,16 €)
2 EL Pinienkerne (1,08 €)
100 g Ziegenfrischkäse (2 €)

So wird's gemacht:

1. Knoblauch schälen und fein hacken. Zitronenschale reiben, die Zitrone auspressen. Knoblauch, Zitronen-abrieb und -saft, Senf, Honig und Olivenöl in eine Salatschüssel geben. Alles gut verrühren und mit Salz und Pfeffer abschmecken.
2. Zucchini mit einem Julienne- oder Spiralschneider in dünne Streifen schneiden. Erbsen in einem Topf mit Salzwasser kochen. Nach 4 Min. die Zuckerschoten und die Zucchini dazugeben und 2 Min. kochen. Abkühlen lassen. Das kalte Gemüse in die Vinaigrette geben und gut vermischen.
3. Minze waschen und fein hacken. Lauchzwiebeln waschen, putzen und in feine Streifen schneiden. Pinien-kerne in einer Pfanne ohne Öl rösten.
4. Den Gemüsesalat auf Tellern anrichten. Minze, Lauchzwiebeln, Pinienkerne und Ziegenkäseflocken darübergeben. Noch mal salzen und pfef-fern. Servieren.

Rotkrautsalat mit Kürbiskernen

Preis
pro Portion
1,38 €

Ergibt: 8 Portionen ✳ Zubereitung: 30 + 30 Min.
Nährwerte (pro Portion): 214 kcal, KH: 12,5 g, E: 7 g, F: 15 g

Einkaufsliste:
1 Rotkohl (ca. 1 kg, 1,80 €)
5 Karotten (0,83 €)
½ Rettich (0,80 €)
1 Bund Petersilie (1,30 €)
½ Bund Minze (0,83 €)
140 g Kürbiskerne (2,66 €)
150 g Feigen
(getrocknet, 1,76 €)
1 Knoblauchzehe (0,02 €)
3 EL Olivenöl (0,41 €)
Saft von ½ Zitrone (0,25 €)
1 EL Ahornsirup (0,34 €)
1 TL Zimt (gemahlen)
2 TL Kreuzkümmel
(gemahlen)
1 Msp. Cayennepfeffer
Salz
Pfeffer

So wird's gemacht:

1. Den Rotkohl putzen und in sehr feine Streifen schneiden. Karotten waschen und mit der Küchenreibe in grobe Späne reiben. In eine große Schüssel geben.

2. Petersilie und Minze waschen und trocken schütteln. Petersilie fein hacken. Minzblätter abzupfen und feinhacken. In einer Pfanne ohne Öl die Kürbiskerne rösten. Feigen in feine Würfel schneiden. Alles in die Schüssel geben.

3. Knoblauch schälen und pressen. Mit Olivenöl, Zitronensaft, Ahornsirup, Zimt, Kreuzkümmel und Cayennepfeffer vermischen. Das Dressing in die Schüssel geben und gut vermischen. Salzen. Den Salat 30 Min. ziehen lassen, noch mal mit Salz und Pfeffer abschmecken und servieren.

Wintersalat mit Sesamdressing

Ergibt: 4 Portionen ✷ Zubereitung: 30 Min.

Nährwerte (pro Portion): 295 kcal, KH: 14 g, E: 9 g, F: 22 g

Einkaufsliste:

300 g Rotkohl (0,54 €)
300 g Wirsing (0,60 €)
300 g Grünkohl (1,05 €)
2 Karotten (0,33 €)
2 Lauchzwiebeln (0,16 €)
1 Bund Petersilie (1,30 €)
50 g Sesamsamen (0,40 €)

Für das Dressing:

2 EL Olivenöl (0,27 €)
3 EL Zitronensaft (0,16 €)
1 TL Honig (0,30 €)
*40 g Sesampaste Tahini
(0,29 €)*
50 ml Wasser
Salz

So wird's gemacht:

1. Alle Kohlsorten waschen und putzen. Beim Grünkohl die Stiele entfernen. Kohlblätter in feine Streifen schneiden.

2. Wasser aufkochen und den Kohl darin 3–4 Min. blanchieren. Abtropfen und in eine große Salatschüssel geben.

3. Karotten schälen und mit einer Küchenreibe in grobe Späne reiben. Lauchzwiebeln waschen, putzen und in feine Ringe schneiden. Petersilie waschen, trocken schütteln und fein hacken. Sesam in einer Pfanne ohne Öl rösten. Alles zum Kohl in die Schüssel geben.

4. Für das Dressing Olivenöl, Zitronensaft, Honig, Sesampaste und etwas Wasser mischen. Mit Salz abschmecken und über den Salat geben. Alles gut verrühren, eventuell nachsalzen und servieren.

Radicchio-Orangen-Salat

Ergibt: 2 Portionen ✳ Zubereitung: 25 Min.
Nährwerte (pro Portion): 413 kcal, KH: 21 g, E: 10 g, F: 30 g

Einkaufsliste:
1 Radicchio (1,12 €)
1 EL Sonnenblumenöl
(0,04 €)
2 kl. Orangen (am besten
Blutorangen, 1,40 €)
50 g Pecorino (1 €)

Für die Vinaigrette:
2 EL Balsamicoessig
(0,20 €)
1 TL Senf (0,08 €)
1 TL Honig (0,30 €)
2 EL Sonnenblumenöl
(0,07 €)
Salz
Pfeffer

So wird's gemacht:
1. Radicchio waschen, Strunk entfernen und in grobe Streifen schneiden. Öl in einer Pfanne erhitzen und den Radicchio bei mittlerer Hitze 3–4 Min. anbraten. Der Radicchio sollte nicht verbrennen.
2. Orangen über einem Teller schälen und in dünne Scheiben schneiden. Die Scheiben vierteln. Den ausgetretenen Saft für das Dressing verwenden. Pecorino in grobe Späne hobeln.
3. Essig, Senf, Orangensaft und Honig in eine Salatschüssel geben. Das Öl während des Angießens mit einem Schneebesen untermischen. Das Dressing mit Salz und Pfeffer abschmecken. Radicchio dazugeben und gut mit dem Dressing vermischen.
4. Den Radicchio auf einem Teller anrichten. Orangenstücke und Pecorino darübergeben und servieren.

Tomaten-Minze-Salat mit Datteln

Ergibt: 3–4 Portionen ✳ Zubereitung: 20 Min.
Nährwerte (pro Portion): 256 kcal, KH: 14 g, E: 6 g, F: 10 g

Einkaufsliste:
600 g Tomaten (1,80 €)
4 Stängel Minze (0,26 €)
4 Datteln (getrocknet,
0,35 €)
1 Schalotte (0,15 €)
2 EL Olivenöl (0,27 €)
2 EL Zitronensaft (0,11 €)
1/4 TL Chiliflocken
Salz
Pfeffer
100 g Feta (1,30 €)

So wird's gemacht:

1. Tomaten waschen und halbieren. Den Strunk entfernen. Das Fruchtfleisch in Scheiben schneiden. Minze waschen und trocken schütteln. Die Blätter von den Stängeln zupfen und fein hacken. Datteln in feine Scheiben schneiden. Schalotte schälen und in hauchdünne Scheiben schneiden.

2. Alles in eine Schüssel geben. Mit Olivenöl, Zitronensaft, Chiliflocken, Salz und Pfeffer würzen. Feta zerbröckeln und über den Salat streuen. Servieren.

Omeletts

Mangold-Omelett

Preis
pro Portion
2 €

Ergibt: 4 Portionen ✳ Zubereitung: 45 Min.
Nährwerte (pro Portion): 480 kcal, KH: 8 g, E: 31 g, F: 35 g

Einkaufsliste:
500 g Mangold (1,50 €)
1 Zwiebel (0,18 €)
*2–3 Knoblauchzehen
(0,07 €)*
2 EL Olivenöl (0,27 €)
6 Eier (1,65 €)
Salz
Pfeffer
Muskatnuss
*200 g Parmesan (gerieben,
4 €)*
1 EL Crème fraîche (0,05 €)
9 Stängel Petersilie (0,30 €)

So wird's gemacht:

1. Mangold waschen, trocknen und die dicken Stiele entfernen. Die Blätter in Streifen schneiden und beiseitestellen.
2. Zwiebel und Knoblauch schälen. Zwiebel grob würfeln, den Knoblauch in feine Streifen schneiden.
3. Zwiebeln und Knoblauch in einer großen Pfanne mit 1 EL Öl glasig dünsten. Mangold dazugeben und 15 Min. bei mittlerer Hitze dünsten, bis die Blätter weich sind. Das Gemüse aus der Pfanne nehmen, in ein Sieb geben und abtropfen lassen.
4. Ofen vorheizen (Ober-/Unterhitze 160 °C).
5. Eier, Salz, Pfeffer, etwas Muskat und die Hälfte des Parmesans in einer Schüssel verquirlen. Crème fraîche unterrühren. Petersilie hacken. Zusammen mit dem Mangold zur Ei-Käsemasse geben. Alles gut vermischen.
6. Öl in einer ofenfesten Pfanne erhitzen. Die Ei-Gemüsemischung hinzugeben und 2–3 Min. stocken lassen. In den Ofen geben und 15 Min. fertig backen. Mit dem restlichen Parmesan bestreuen und servieren.

Dazu passt ein frischer Tomatensalat.

(Foto siehe Seite 31)

Gemüsefrittata mit Spinat und Paprika

Ergibt: 3 Portionen ✳ Zubereitung: 40 Min.
Nährwerte (pro Portion): 485 kcal, KH: 9 g, E: 25 g, F: 37 g

Einkaufsliste:
1 Zwiebel (0,18 €)
2 rote Paprikaschoten
(1,55 €)
300 g Spinat (4,20 €)
150 g Frischkäse (1,05 €)
6 Eier (1,65 €)
Salz
Cayennepfeffer
3 EL Olivenöl (0,41 €)

So wird's gemacht:
1. Zwiebel schälen und in grobe Würfel schneiden. Paprika waschen, putzen und in Würfel schneiden (2 cm). Spinat waschen und trocken schütteln.
2. Ofen vorheizen (Ober-/Unterhitze 180 °C).
3. Frischkäse, Eier, Salz und Cayennepfeffer in einen hohen Becher geben und pürieren.
4. Gemüse in einer ofenfesten Pfanne mit Olivenöl bei mittlerer Hitze auf dem Herd 8–10 Min. dünsten. Die Eier-Käsemasse darübergeben. Die Pfanne zudecken und die Frittata 2 Min. stocken lassen.
5. Die Frittata anschließend offen in den Ofen stellen und bei 180 °C Ober-/Unterhitze auf der mittleren Schiene ca. 20 Min. backen.

Omelett mit Rosenkohl, Erbsen und Frischkäse

Ergibt: 2 Portionen ✳ Zubereitung: 35 Min.
Nährwerte (pro Portion): 485 kcal, KH: 10 g, E: 30 g, F: 35 g

Preis
pro Portion
2,09 €

Einkaufsliste:
*12 Rosenkohlröschen
(ca. 150 g, 0,38 €)
1 EL Olivenöl (0,14 €)
50 g Erbsen (0,14 €)
50 g Parmesan (1 €)
5 Eier (1,38 €)
150 g Frischkäse (1,05 €)
1 TL Butter (0,05 €)
Salz
½ Lauchzwiebel (0,04 €)
Muskat
Cayennepfeffer*

So wird's gemacht:

1. Den Rosenkohl waschen und putzen. Große Röschen eventuell halbieren. Den Rosenkohl in einer Pfanne mit etwas Olivenöl bei mittlerer Hitze ca. 5 Min. dünsten. Erbsen hinzugeben und noch mal 3 Min. dünsten.

2. Parmesan reiben. Ofen vorheizen (Ober-/Unterhitze 160 °C).

3. Eier verquirlen. Rosenkohl, Erbsen, Frischkäse und Parmesan untermischen. Salzen.

4. Butter in einer ofenfesten Pfanne zerlassen. Die Ei-Gemüse-Masse dazugeben und 2–3 Min. stocken lassen. In den Ofen geben und 15 Min. fertig backen.

5. Lauchzwiebel waschen, putzen und in feine Ringe schneiden. Das fertige Omelett damit garnieren. Mit Muskat, Cayennepfeffer und Salz würzen und servieren.

Was mit Fleisch

Rindergulasch Thai-Style

Ergibt: 4 Portionen ✳ Zubereitung: 2 Std. 30 Min.
Nährwerte (pro Portion): 455 kcal, KH: 16 g, E: 40 g, F: 24 g

Einkaufsliste:

8 Schalotten (1,20 €)
3 EL Sonnenblumenöl (0,11 €)
800 g Rindergulasch (12 €)
2 EL rote Currypaste (0,27 €)
300 ml Kokosmilch (1,20 €)
100 ml Wasser
Zucker
Salz
Pfeffer
250 g Champignons (1,50 €)
1 Limette (0,40 €)

So wird's gemacht:

1. Die Schalotten schälen und fein hacken. 2 EL Öl in einem großen Topf erhitzen und die Schalotten darin bei mittlerer Hitze glasig dünsten. Die Schalotten herausnehmen und beiseitestellen.
2. Hitze erhöhen. Noch einen 1 EL Öl in den Topf geben und das Fleisch scharf anbraten.
3. Schalotten und Currypaste hinzugeben. Alles gut vermischen. Mit Kokosmilch und Wasser aufgießen. Zucker sowie etwas Salz und Pfeffer hinzugeben. Bei geschlossenem Deckel 2 Stunden köcheln lassen.
4. Champignons putzen und in Scheiben schneiden. 30 Min. vor Ende der Garzeit in den Topf geben.
5. Limettenschale abreiben. Den Saft auspressen. Das fertige Gulasch mit Limettensaft, Salz und Pfeffer abschmecken. Anrichten, etwas Limettenabrieb darübergeben und servieren.

(Foto siehe Seite 35)

Erbsen-Hähnchen-Curry

Ergibt: 2 Portionen ✳ Zubereitung: 20 Min.
Nährwerte (pro Portion): 353 kcal, KH: 29 g, E: 35 g, F: 10 g

Einkaufsliste:

2 Knoblauchzehen (0,05 €)
3 cm Ingwer (0,24 €)
2 Chilischoten (0,13 €)
200 g Hähnchenbrust (3 €)
2 EL Sesamöl (0,56 €)
1 EL braune Senfsamen
1 TL Kreuzkümmel
400 g Erbsen (1,08 €)
10 Curryblätter (0,36 €)
Salz
*2 EL Zitronensaft (frisch
gepresst, 0,11 €)*

So wird's gemacht:

1. Knoblauch und Ingwer schälen und fein hacken. Chili fein hacken. Hähnchen waschen, trocken tupfen und in mundgerechte Stücke schneiden.

2. 1 EL Sesamöl in einem Topf erhitzen. Hähnchen scharf anbraten. In einer Pfanne das restliche Sesamöl langsam erhitzen. Knoblauch, Ingwer, Senfsamen und Kreuzkümmel dazugeben und rösten.

3. Gewürze zum Fleisch in den Topf geben. Erbsen, Curryblätter und Chili ebenfalls dazugeben und ca. 4 Min. anbraten.

4. Das Curry mit Salz und Zitronensaft abschmecken und servieren.

Krautgulasch

Preis pro Portion
3,87 €

Ergibt: 4 Portionen ✳ Zubereitung: 2 Std. 30 Min.
Nährwerte (pro Portion): 529 kcal, KH: 23 g, E: 39 g, F: 30 g

Einkaufsliste:

*700 g Rindergulasch
(10,50 €)
2 rote Paprikaschoten
(1,55 €)
4 Zwiebeln (0,72 €)
2 Knoblauchzehen (0,05 €)
3 EL Öl (0,41 €)
2 EL Tomatenmark (0,32 €)
500 g Sauerkraut (1 €)
Salz
Pfeffer
1 ½ TL Paprikapulver
(edelsüß)
2 Lorbeerblätter (0,18 €)
2 Msp. Nelken (gemahlen)
1 TL Kreuzkümmel
300 ml Hühnerbrühe
(0,14 €)
80 g Sahne (0,29 €)
2–3 EL Weißwein (0,30 €)*

So wird's gemacht:

1. Rindfleisch waschen, trocken tupfen und in mundgerechte Würfel schneiden. Paprika halbieren, putzen, waschen und in kleine Streifen schneiden. Zwiebeln und Knoblauch schälen und würfeln.
2. Öl in einem großen Topf erhitzen und das Fleisch scharf anbraten, bis es überall Farbe bekommen hat. Beiseitestellen. Im Bratensatz Zwiebeln und Knoblauch bei schwacher Hitze 5 Min. andünsten. Paprika und Tomatenmark dazugeben und 3 Min. anschmoren.
3. Sauerkraut abtropfen. Zusammen mit Fleisch, Salz, Pfeffer, Paprikapulver, Lorbeerblättern, Nelken und Kreuzkümmel in den Topf geben. Die Brühe angießen. Bei geschlossenem Deckel 2 Std. schmoren lassen.
4. Sahne und Wein unter das fertige Gulasch mischen. Nochmals mit Salz und Pfeffer abschmecken und servieren.

Je länger das Krautgulasch kocht, desto besser wird es. Bei mir steht es manchmal fünf Stunden lang auf dem Herd. Danach ist das Fleisch in Fasern zerfallen und vermischt sich perfekt mit dem Sauerkraut.

Blumenkohl-Hähnchen-Curry

Ergibt: 2 Portionen ✳ Zubereitung: 35 Min.
Nährwerte (pro Portion): 441 kcal, KH: 18 g, E: 38 g, F: 23 g

Einkaufsliste:

300 g Blumenkohl (0,70 €)
1 rote Paprikaschote (0,78 €)
3 Lauchzwiebeln (0,24 €)
300 g Hähnchenbrustfilet (4,50 €)
3 Knoblauchzehen (0,07 €)
½ cm Ingwer (0,04 €)
2 EL Olivenöl (0,27 €)
1 EL rote Currypaste (0,14 €)
1 EL Currypulver
Salz
100 g Spinat (1,40 €)
150 ml Gemüsebrühe (0,05 €)
1 EL Zitronensaft (0,05 €)
2 EL Crème fraîche (0,09 €)
Pfeffer

So wird's gemacht:

1. Blumenkohl waschen. In Röschen brechen und in kochendem Salzwasser 5 Min. garen. In kleine Würfel schneiden.
2. Paprika und Lauchzwiebeln waschen, putzen und in Streifen schneiden. Fleisch waschen, trocken tupfen und in mundgerechte Stücke schneiden. Knoblauch schälen und durch eine Knoblauchpresse drücken. Ingwer reiben.
3. Öl in einer Pfanne erhitzen. Fleisch, Paprika und Lauchzwiebeln darin scharf anbraten. Hitze reduzieren und den Knoblauch hinzugeben. Currypaste, Currypulver sowie Ingwer dazugeben. Salzen.
4. Spinat waschen und trocken schütteln. Zusammen mit dem Blumenkohl in die Pfanne geben und kurz mitdünsten. Alles mit der Gemüsebrühe ablöschen. Kurz aufkochen lassen. Vom Herd nehmen und 3 Min. ziehen lassen.
5. Zitronensaft und Crème fraîche unterrühren. Mit Salz und Pfeffer abschmecken und servieren.

Geschmortes Hähnchen mit Weißkohl

Ergibt: 4 Portionen ✳ Zubereitung: 50 Min. + 3 Std.
Nährwerte (pro Portion): 395 kcal, KH: 14 g, E: 52 g, F: 14 g

Einkaufsliste:

2 Lauchzwiebeln (0,16 €)
300 g Weißkohl (0,54 €)
1 Karotte (0,17 €)
1 Zwiebel (0,18 €)
2 Knoblauchzehen (0,05 €)
1–2 rote Chilischoten
(0,13 €)
1 EL Butterschmalz (0,16 €)
500 ml Hühnerbrühe
(0,24 €)
800 g Hähnchen (6,40 €)
250 ml Tomaten (stückig,
0,70 €)
1 TL Kreuzkümmel
2 TL Piment d'Espelette
Salz
1 TL Öl (0,09 €)
50 g Parmesan (1 €)
1 TL Honig (0,30 €)
Pfeffer
9 Stängel Petersilie (0,30 €)

So wird's gemacht:

1. Lauchzwiebeln waschen, putzen und in feine Ringe schneiden. Weißkohl waschen und in feine Streifen schneiden. Karotte waschen und in grobe Späne reiben. Zwiebel in feine Streifen schneiden, die Knoblauchzehen und die Chilis hacken.

2. In einem Schmortopf Butterschmalz erhitzen. Weißkohl, Zwiebeln und Knoblauch bei mittlerer Hitze 5–7 Min. anschwitzen. Mit der Hühnerbrühe ablöschen und kurz aufkochen. Hähnchen, Tomaten, Chilis, Kreuzkümmel, Piment d'Espelette und etwas Salz dazugeben. Sollten die Zutaten nicht mit Flüssigkeit bedeckt sein, noch etwas Wasser angießen.

3. Für 3 Stunden mit geschlossenem Deckel bei 140 °C in den Ofen stellen.

4. Karotten und Lauchzwiebeln in einer Pfanne mit etwas Öl rösten. Parmesan reiben.

5. Den Schmortopf aus dem Ofen nehmen und bei geringer Hitze auf die Herdplatte stellen. Das Hähnchenfleisch mit einer Gabel zerfasern. Karotten, Lauchzwiebeln, Honig und Parmesan dazugeben. Kurz aufkochen. Mit Salz und Pfeffer abschmecken. Die Soße sollte schön sämig sein. Ist sie es nicht, noch ein wenig einkochen lassen. Ist sie zu dick, mit etwas Wasser strecken.

6. Anrichten und mit gehackter Petersilie garnieren.

Bohnen mit Schinken und Paprika

Preis
pro Portion
2,50 €

Ergibt: 4 Portionen ✳ Zubereitung: 25 Min.
Nährwerte (pro Portion): 210 kcal, KH: 11 g, E: 12 g, F: 13 g

Einkaufsliste:
1 kg grüne Bohnen (5 €)
50 g Butter (0,36 €)
Salz
1 Paprikaschote (rot, 0,78 €)
1 Paprikaschote (gelb, 0,78 €)
100 g roher Schinken (2,50 €)
1 Lauchzwiebel (0,08 €)
½ Bund Petersilie (0,50 €)
Pfeffer

So wird's gemacht:
1. Bohnen putzen, waschen und trocken tupfen. In einer Pfanne 20 g Butter erhitzen. Die Bohnen bei mittlerer Hitze 3 Min. darin dünsten. Etwas Salzwasser dazugeben und die Bohnen in der Pfanne 10 Min. gar ziehen lassen.
2. Unterdessen Paprika putzen, entkernen, waschen und in Würfel schneiden. Schinken in feine Streifen schneiden. Lauchzwiebel schälen und fein hacken.
3. In einer anderen Pfanne die restliche Butter erhitzen. Lauchzwiebel und Schinken darin 3 Min. braten. Paprika dazugeben. Die Hitze reduzieren und alles etwa 10 Min. gar ziehen lassen.
4. Petersilie waschen, trocken tupfen und fein hacken.
5. Bohnen auf einem Teller anrichten. Die Paprika-Schinken-Mischung darübergeben. Salzen und pfeffern. Mit Petersilie garnieren und servieren.

(Foto siehe Seite 41)

Senfeier mit Blumenkohlpüree

Ergibt: 2 Portionen ✳ Zubereitung: 30 Min.

Nährwerte (pro Portion): 501 kcal, KH: 16 g, E: 22 g, F: 37 g

Einkaufsliste:

*½ Blumenkohl
(ca. 400 g, 0,88 €)
Salz
40 g Butter (0,29 €)
½ Zwiebel (0,09 €)
1 EL Butter (0,09 €)
1 EL Mehl (0,02 €)
250 ml Gemüsebrühe
(0,08 €)
300 ml Milch (0,33 €)
4 Eier (1,10 €)
1 EL Senf (mittelscharf,
0,08 €)
1 EL Senf (körnig, 0,20 €)
Pfeffer
Zucker
1 TL Zitronensaft (0,04 €)
5 Stängel Schnittlauch
(0,30 €)*

So wird's gemacht:

1. Blumenkohl putzen und in feine Röschen brechen. Salzwasser in einem Topf zum Kochen bringen und den Blumenkohl 10 Min. kochen. Das Wasser abgießen. 40 g Butter hinzugeben und mit einem Stabmixer pürieren.

2. Die Zwiebel schälen und fein würfeln.

3. 1 EL Butter in einem Topf erhitzen und die Zwiebelwürfel glasig anschwitzen. Das Mehl über die Butter-Zwiebel-Mischung stäuben und kurz anrösten. Nach und nach Gemüsebrühe und Milch unter die Mehlschwitze rühren. Die Soße kurz aufkochen und bei mittlerer Hitze 10 Min. köcheln lassen.

4. Die Eier nach Belieben hart oder weich kochen. Anschließend abschrecken, schälen und halbieren.

5. Senf unter die Soße mischen. Mit Salz, Pfeffer, einer Prise Zucker und Zitronensaft abschmecken.

6. Blumenkohlpüree und Eier auf einem Teller anrichten. Die Senfsoße dazugeben. Mit fein gehacktem Schnittlauch garnieren und servieren.

Rahmwirsing mit Mini-Buletten

Ergibt: 4 Portionen ✳ Zubereitung: 45 Min.
Nährwerte (pro Portion): 655 kcal, KH: 26 g, E: 22 g, F: 49 g

Einkaufsliste:

1 Brötchen (vom Vortag, 0,27 €)
150 ml Schlagsahne (0,54 €)
1 Kopf Wirsing (800 g, 1,60 €)
2 EL Butter (0,09 €)
1 EL Mehl (0,02 €)
200 ml Sahne (0,72 €)
100 ml Gemüsebrühe (0,03 €)
2–3 EL Meerrettich (aus dem Glas, 0,30 €)
Salz
Cayennepfeffer
Muskatnuss
1 Zwiebel (0,18 €)
1 Knoblauchzehe (0,02 €)
1 EL Öl (0,14 €)
250 g Hackfleisch (gemischt, 2,50 €)
1 Ei (1,10 €)
1 TL Senf (mittelscharf, 0,05 €)
3 Stängel Petersilie (0,10 €)
1 TL Paprikapulver (edelsüß)
1 TL Majoran (getrocknet)
Pfeffer
2 EL Butterschmalz (0,31 €)

So wird's gemacht:

1. Brötchen in feine Würfel schneiden. In eine flache Form geben und mit Schlagsahne übergießen. 10 Min. einweichen. Danach das Brötchen-Sahne-Gemisch teigig kneten.

2. Unterdessen den Wirsing putzen, den Strunk herausschneiden. Blätter in große Streifen (ca. 1 x 3 cm) schneiden. Den Kohl in kochendem Salzwasser 3–4 Min. blanchieren. Abtropfen lassen und beiseitestellen.

3. 1 EL Butter in einem Topf erhitzen. Mehl hinzugeben und unter Rühren anschwitzen. Sahne und Brühe hinzugeben. Alles gut mit einem Schneebesen verrühren und 5 Min. kochen. Meerrettich und Wirsing hinzugeben und 5 Min. garen. Mit Salz, Cayennepfeffer und Muskat abschmecken. Warmhalten.

4. Zwiebel schälen und fein würfeln. Knoblauch schälen und pressen. Öl in einer Pfanne erhitzen. Zwiebel 2 Min. anschwitzen. Den Knoblauch dazugeben und 1 Min. anschwitzen.

5. Hackfleisch in eine Schüssel geben. Ei, Senf, Petersilie, Paprikapulver, Majoran, das eingeweichte Brötchen, Zwiebeln und Knoblauch dazugeben. Salzen, pfeffern und alles gut vermischen. Aus der fertigen Hackmasse kleine Buletten formen.

6. Butterschmalz in einer Pfanne erhitzen. Die Buletten darin bei mittlerer Hitze 10 Min. von allen Seiten braten.

7. Wirsing auf einem Teller anrichten, die Mini-Buletten dazugeben und servieren.

Einfaches Hühnerfrikassee

Preis
pro Portion
3,86 €

Ergibt: 4 Portionen ✳ Zubereitung: 30 Min.
Nährwerte (pro Portion): 419 kcal, KH: 6 g, E: 48 g, F: 19 g

Einkaufsliste:

200 g frische Pilze (1,20 €)
1 Karotte (0,17 €)
1 Schalotte (0,15 €)
2 EL Sonnenblumenöl (0,07 €)
100 g Erbsen (0,27 €)
800 g Hühnerbrustfilets (12 €)
Salz
Pfeffer
150 ml Weißwein (0,75 €)
2 Lorbeerblätter (0,18 €)
4 Wacholderkörner
150 ml Sahne (0,54 €)
1 Zweig Estragon (0,11 €)
Cayennepfeffer

So wird's gemacht:

1. Pilze putzen und vierteln. Karotte schälen und reiben. Schalotte schälen und fein hacken.

2. 1 EL Öl in einem Topf erhitzen. Pilze, Karotte, Schalotte und Erbsen dazugeben und bei mittlerer Hitze ca. 5 Min. dünsten. Immer wieder umrühren, damit weder Pilze noch die Schalotte Farbe bekommen. Beiseitestellen.

3. Hähnchen waschen, trocken tupfen und in mundgerechte Würfel schneiden. Im selben Topf wie das Gemüse mit 1 EL Öl vorsichtig anbraten. Salzen und pfeffern. Den Weißwein angießen. Lorbeer und Wacholder dazugeben. Alles 10 Min. einkochen lassen. Immer wieder umrühren. Ist das Fleisch gar, die Sahne angießen und 3 Min. einkochen lassen. Gemüse und Estragon hinzugeben, noch mal kurz erwärmen. Mit Cayennepfeffer garnieren und servieren.

Ziegenkäse mit Rucola

Preis
pro Portion
3,37 €

Ergibt: 2 Portionen ✳ Zubereitung: 25 Min.
Nährwerte (pro Portion): 197 kcal, KH: 15 g, E: 16 g, F: 28 g

Einkaufsliste:
125 g Rucola (1,50 €)
50 g Walnüsse (0,88 €)
100 g Ziegenkäse (Rolle, 2,50 €)
2 TL Honig (flüssig, 1,20 €)
Saft von ½ Zitrone (0,25 €)
3 EL Olivenöl (0,41 €)
1 Prise Salz
1 Prise Pfeffer

So wird's gemacht:
1. Ofen vorheizen (Grillstufe, 200 °C).
2. Rucola waschen und trocken schütteln. Walnüsse hacken und in einer Pfanne ohne Öl rösten.
3. Ziegenkäse in Scheiben schneiden. Mit Honig einpinseln und im Ofen für ca. 7 Min. grillen.
4. Rucola auf einem Teller anrichten. Zitronensaft und Olivenöl darübergeben. Die fertigen Ziegenkäsetaler auf den Rucola setzen. Salzen und pfeffern. Servieren.

Der Ziegenkäse ist leichter zu handhaben, wenn man ihn auf eine dünne Zucchinischeibe bettet, die man einfach im Ofen mitbrät.

Zucchininudeln mit Knoblauchpilzen

Ergibt: 4 Portionen ✳ Zubereitung: 25 Min.

Nährwerte (pro Portion): 104 kcal, KH: 6 g, E: 5 g, F: 7 g

Einkaufsliste:
4 Zucchini (1,60 €)
400 g Champignons
(2,40 €)
4 Knoblauchzehen (0,10 €)
1 EL Olivenöl (0,14 €)
3 Stängel Petersilie
(gehackt, 0,10 €)
1 EL Butter (0,09 €)
Salz
Pfeffer

So wird's gemacht:

1. Zucchini waschen, putzen und mit einem Spiral- oder Julienne-Schneider in Spaghettiform schneiden.

2. Die Pilze putzen und in Scheiben schneiden. Knoblauch schälen und fein reiben. Öl in einer Pfanne erhitzen und die Pilze bei mittlerer Hitze anbraten, bis sie Farbe bekommen. Butter, Petersilie und geriebenen Knoblauch hinzugeben und untermischen.

3. Die Zucchininudeln in die Pfanne geben und ca. 5 Min. mit andünsten. Mit Salz und Pfeffer abschmecken und servieren.

Steckrübeneintopf mit Mettwurst

Ergibt: 4 Portionen ✴ Zubereitung: 50 Min.
Nährwerte (pro Portion): 291 kcal, KH: 19 g, E: 11 g, F: 18 g

Einkaufsliste:

2 Zwiebeln (0,18 €)
5–6 Karotten (0,83 €)
1 Chilischote (0,07 €)
200 g Mettwurst (3,60 €)
1 Apfel (0,20 €)
1 Steckrübe (ca. 800 g, 1,28 €)
1 EL Butter (0,09 €)
750 ml Gemüsebrühe (0,23 €)
Salz
Pfeffer
1 Msp. Zucker
6 Stängel Petersilie (0,20 €)

So wird's gemacht:

1. Die Zwiebeln schälen und fein würfeln. Karotten schälen und in Scheiben schneiden. Die Chilischote putzen, entkernen, waschen, und in Ringe schneiden. Die Mettwurst in Scheiben schneiden. Den Apfel schälen, das Kerngehäuse entfernen und den Apfel würfeln. Die Steckrübe schälen und würfeln.

2. Butter in einem großen Topf erhitzen. Zwiebeln, Chili und Mettwurstscheiben bei mittlerer Hitze anschwitzen. Karotten, Steckrüben- und Apfelwürfel dazugeben und 5 Min. dünsten. Die Gemüsebrühe angießen. Salzen. Bei geschlossenem Deckel 30 Min. köcheln lassen.

3. Die Suppe mit einem Stabmixer kurz pürieren, sodass sich noch immer Gemüsestücke in der Suppe befinden. Mit Salz, Pfeffer und etwas Zucker abschmecken. Mit fein gehackter Petersilie servieren.

Auberginenpizza

Preis pro Portion
2,94 €

Ergibt: 3–4 Portionen ✳ Zubereitung: 45 Min.
Nährwerte (pro Portion): 356 kcal, KH: 9 g, E: 16 g, F: 29 g

Einkaufsliste:
*½ Paprikaschote
(grün, 0,39 €)
100 g Chorizo (2 €)
100 g Provolone (1,60 €)
10 Cocktail-Tomaten
(1,48 €)
1 Aubergine (1,50 €)
4 EL Olivenöl (0,54 €)
1 kleine Zwiebel (0,18 €)
1 Knoblauchzehe (0,02 €)
400 g Tomaten (stückig,
1,12 €)
Salz
Pfeffer
1 Prise Oregano
(getrocknet)
1 Prise Rosmarin
(getrocknet)
1 Prise Zucker*

So wird's gemacht:

1. Ofen vorheizen (Umluft 180 °C). Paprika putzen, entkernen und waschen. In schmale Ringe schneiden. Chorizo in Scheiben schneiden. Provolone reiben. Cocktailtomaten waschen und in Scheiben schneiden.

2. Aubergine waschen und in 1 cm dicke Scheiben schneiden. Von beiden Seiten mit Öl einpinseln. Auf ein mit Backpapier ausgelegtes Blech legen. In den Ofen geben und 10 Min. backen.

3. Unterdessen Zwiebel und Knoblauch schälen und fein hacken. 1 EL Olivenöl in einem kleinen Topf erhitzen. Zwiebel und Knoblauch darin anschwitzen. Die stückigen Tomaten dazugeben. Mit Salz, Pfeffer, Oregano und Rosmarin würzen. Eine Prise Zucker dazugeben. Gut umrühren und ca. 10 Min. köcheln lassen.

4. Die Auberginenscheiben aus dem Ofen holen und mit Tomatensoße bestreichen. Mit Käse bestreuen. Anschließend mit Chorizo, Tomaten und Paprika belegen. Salzen und im Ofen weitere 10–15 Min. backen, bis der Käse geschmolzen ist.

Vor dem Servieren mit Basilikum garnieren.

Zucchinispaghetti mit ungarischer Carbonara

Ergibt: 4 Portionen ✳ Zubereitung: 40 Min.

Nährwerte (pro Portion): 499 kcal, KH: 9 g, E: 14 g, F: 44 g

Preis
pro Portion
2,27 €

Einkaufsliste:

3 Paprikaschoten (rot, 2,33 €)
1 EL Olivenöl (0,14 €)
3 Zucchini (1,20 €)
100 g Bauchspeck (2,80 €)
1 TL Paprikapulver (rosenscharf)
1 TL Paprikapulver (edelsüß)
50 ml Gemüsebrühe (0,02 €)
Salz
75 g Parmesan (1,50 €)
125 g Sahne (0,45 €)
2 Eier (0,55 €)
Pfeffer
3 Stängel Petersilie (0,10 €)

So wird's gemacht:

1. Ofen vorheizen (Grillstufe). Die Paprika putzen und halbieren. Die Hautseite mit Öl einpinseln. Im Ofen rösten, bis die Haut Blasen bildet und/oder schwarz wird. Abkühlen lassen. Anschließend die Haut abziehen und die Paprika in kleine Würfel schneiden.

2. Zucchini mit einem Spiral- oder Julienne-Schneider in Nudelform bringen.

3. Speck würfeln. In einer Pfanne ohne Öl knusprig braten. Die Paprikastreifen und das Paprikapulver hinzugeben und bei mittlerer Hitze 5 Min. dünsten.

4. Die Gemüsebrühe angießen und die Zucchininudeln 5–7 Min. mitdünsten.

5. Parmesan reiben. Mit Sahne und Eiern verquirlen. Mit Salz und Pfeffer würzen.

6. Die Käse-Sahne-Soße in die Pfanne geben. Unter ständigem Rühren kurz warm werden lassen. Noch mal mit Salz und Pfeffer abschmecken. Mit Petersilie garnieren und servieren.

Shakshuka

Ergibt: 4 Portionen ✳ Zubereitung: 60 Min.
Nährwerte (pro Portion): 242 kcal, KH: 13 g, E: 14 g, F: 14 g

Einkaufsliste:
1 Zwiebel (0,18 €)
3 Knoblauchzehen (0,07 €)
2 Spitzpaprikaschoten (rot, 0,78 €)
1 Aubergine (1,50 €)
1 Zucchini (0,40 €)
1 EL Olivenöl (0,14 €)
800 g Tomaten (Dose, 2,24 €)
2 EL Tomatenmark (0,32 €)
200 ml Wasser
Salz
2 Lorbeerblätter (0,18 €)
1 ½ TL gemahlener Kreuzkümmel
½ TL Cayennepfeffer
1 TL Paprikapulver (edelsüß)
100 g Feta (1,30 €)
4 Eier (1,10 €)
Pfeffer
3 Stängel Koriander (0,32 €)

So wird's gemacht:
1. Ofen vorheizen (Umluft 180 °C).
2. Zwiebel und Knoblauch schälen und fein hacken. Paprika, Aubergine und Zucchini waschen und putzen. Paprika in Streifen, Aubergine und Zucchini in dünne Scheiben schneiden.
3. Öl in einer ofenfesten Pfanne erhitzen. Zwiebel bei mittlerer Hitze für 2 Min. anschwitzen. Paprika und Aubergine dazugeben und 10 Min. mitdünsten. Zucchini und Knoblauch dazugeben und weitere 5 Min. braten.
4. Tomaten abtropfen. Zusammen mit dem Tomatenmark in die Pfanne geben. Mit 200 ml Wasser ablöschen. Salzen. Bei geschlossenem Deckel 15 Min. köcheln lassen.
5. Lorbeer, Kreuzkümmel, Cayennepfeffer und Paprikapulver untermischen. Feta auf der Masse verteilen. Mit einer Suppenkelle vier Kuhlen in die Masse drücken. Eier darin auf aufschlagen. Alles salzen und pfeffern.
6. Die Pfanne in den Ofen geben und alles 10–15 Min. backen, bis die Eier fest sind.
7. Koriander hacken und über die fertige Shakshuka streuen.

Shakshuka ist ein Klassiker der jüdischen Küche und wird dort zum Frühstück gegessen.

(Foto siehe Seite 53)

Süßkartoffel-Kichererbsen-Curry

Ergibt: 2–3 Portionen ✳ Zubereitung: 40 Min.
Nährwerte (pro Portion): 240 kcal, KH: 33 g, E: 7 g, F: 7 g

Einkaufsliste:
2 Zwiebeln (0,36 €)
1 Süßkartoffel (0,60 €)
*1 EL Sonnenblumenöl
(0,04 €)*
4 Tomaten (1,32 €)
100 ml Wasser
1 TL Ras el-Hanout
½ TL Kreuzkümmel
½ TL Kurkuma
½ TL Piment
Cayenne-Pfeffer
Salz
*200 g Kichererbsen (Dose,
0,92 €)*
*9 Stängel Koriander
(0,97 €)*
*Saft einer ½ Zitrone
(0,25 €)*

So wird's gemacht:

1. Die Zwiebeln schälen und fein hacken. Die Süßkartoffel schälen und in kleine Würfel schneiden. Die Zwiebeln in einem Topf mit Öl glasig dünsten. Süßkartoffel dazugeben und unter Rühren anschwitzen, bis die Würfel weich werden (ca. 7–8 Min.).

2. Tomaten waschen und in grobe Würfel schneiden. In den Topf geben. Wasser angießen und alles 10 Min. köcheln lassen. Wenn die Kartoffelwürfel weich sind, alles kurz mit einem Stabmixer pürieren. Die Tomaten können teils noch stückig sein. Gewürze dazugeben. Alles verrühren und mit Salz abschmecken.

3. Kichererbsen abtropfen lassen. In den Topf geben und kurz aufkochen. Das Curry auf einen Teller geben, mit Zitronensaft beträufeln und mit Koriander garnieren.

Ein Gericht mit vielen »guten« Kohlenhydraten, die lange satt machen.

Auberginen-Pilz-Curry

Preis
pro Portion
3,73 €

Ergibt: 2 Portionen ✳ Zubereitung: 30 Min.
Nährwerte (pro Portion): 260 kcal, KH: 23 g, E: 4 g, F: 16 g

Einkaufsliste:
1 Aubergine (1,50 €)
6 Champignons (0,76 €)
1 Karotte (0,17 €)
*1 rote Paprikaschote
(0,78 €)*
1 Zwiebel (0,18 €)
*6 Stängel Koriander (frisch,
0,65 €)*
1 cm Ingwer (0,06 €)
*1 Stange Zitronengras
(0,44 €)*
2 EL Sesamöl (0,28 €)
*1–2 EL rote Currypaste
(0,27 €)*
400 ml Kokosmilch (1,60 €)
*3 Stängel Thai-Basilikum
(oder normaler, 0,13 €)*
1 Limette (0,40 €)
2 EL Fischsoße (0,24 €)
1 TL Zucker

So wird's gemacht:

1. Aubergine waschen und würfeln (2 cm). Champignons putzen und vierteln. Karotte schälen und in feine Scheiben schneiden. Paprika waschen, putzen und fein würfeln. Zwiebel schälen und achteln. Koriander, Ingwer und Zitronengras hacken.

2. Öl in einer Wokpfanne erhitzen. Die Currypaste, Ingwer und Zitronengras für 1 Min. kräftig anbraten. Mit Kokosmilch ablöschen. Aufkochen. Karotten dazugeben und 4 Min. köcheln lassen. Aubergine, Paprika und Zwiebel dazugeben und weitere 5 Min. köcheln lassen.

3. Basilikum waschen, trocken schütteln und fein hacken. Limettenschale reiben. Limette auspressen. Saft und Abrieb zusammen mit dem Basilikum und der Fischsoße in das Curry geben. Mit Zucker abschmecken. Pilze hinzugeben und 2 Min. köcheln lassen. Servieren.

Linsen mal indisch

Preis pro Portion
3,19 €

Ergibt: 2–3 Portionen ✳ Zubereitung: 60 Min.
Nährwerte (pro Portion): 336 kcal, KH: 42 g, E: 19 g, F: 9 g

Einkaufsliste:

400 g gelbe Linsen (3,20 €)
4 TL Tamarinden-Paste (2,08 €)
100 ml Wasser
2 Karotten (0,33 €)
1 EL Sonnenblumenöl (0,04 €)
2 TL Bockshornkleesamen
2 TL schwarze Senfsamen
20 Curryblätter (0,72 €)
2 TL Chilipulver
2 TL Kurkuma (gemahlen)
4 TL Kreuzkümmel
4 TL Koriandersamen (gemahlen)

So wird's gemacht:

1. Die Linsen ca. 30 Min. kochen. Tamarinden-Paste in 100 ml Wasser auflösen. Karotten schälen und in feine Würfel schneiden.
2. Öl in einer Wokpfanne erhitzen. Bockshornklee- und Senfsamen rösten. Sobald die Samen aufplatzen, die Curryblätter und die Gewürze dazugeben. Gut verrühren. Die Tamarinden-Paste und die Karotten dazugeben. 5 Min. köcheln lassen. Mit Salz abschmecken.
3. Linsen hinzugeben. Kurz aufkochen und alles 15 Min. köcheln lassen. Noch mal mit Salz abschmecken und servieren.

Noch so ein Gericht, mit dem man nach dem Sport die Kohlenhydratspeicher mit »guten« Kohlenhydraten wieder auffüllt.

Auberginenröllchen mit Fetafüllung

Ergibt: 2 Portionen ✳ Zubereitung: 40 + 30 Min.
Nährwerte (pro Portion): 319 kcal, KH: 19 g, E: 19 g, F: 18 g

Einkaufsliste:

*1 große Aubergine
(ca. 400 g, 1,50 €)
Salz
½ Zwiebel (0,09 €)
1 Knoblauchzehe (0,02 €)
4 EL Olivenöl (0,54 €)
400 ml passierte Tomaten
(0,84 €)
1 Prise Zucker
1 Chilischote (0,07 €)
2 Basilikumzweige (0,24 €)
6 Stängel Petersilie (0,20 €)
1 Stängel Minze (0,07 €)
200 g Feta (2,60 €)
30 g Erdnüsse (0,30 €)
Pfeffer
1 TL Paprika (edelsüß)
Küchengarn*

So wird's gemacht:

1. Die Aubergine waschen und putzen. Längs in dünne Scheiben schneiden. Die Auberginenscheiben nebeneinanderlegen und von beiden Seiten salzen. Ca. ½ Stunde Wasser ziehen lassen.

2. Zwiebel und Knoblauch schälen und fein hacken. In einer Pfanne mit 1 EL Öl anschwitzen. Passierte Tomaten und eine Prise Zucker hinzugeben und kurz einkochen lassen. Chili fein hacken. Basilikumblätter abzupfen und fein hacken. Beides untermischen und 5–8 Min. mitköcheln lassen.

3. Petersilie und Minze waschen, trocken schütteln, die Blättchen abzupfen und fein hacken. Erdnüsse in einer Pfanne rösten und fein hacken. Feta reiben und mit Kräutern, Erdnüssen, Salz, Pfeffer und Paprika gut vermischen.

4. Ofen vorheizen (Umluft 160 °C).

5. Die Auberginenscheiben mit kaltem Wasser abbrausen und trocken tupfen. Die Feta-Füllung auf die Scheiben verteilen, aufrollen und mit Küchengarn festbinden. Die Röllchen in einer Pfanne mit Öl rundherum scharf anbraten. Zusammen mit dem Öl in eine Auflaufform geben. Im Ofen ca. 15–20 Min. fertig garen.

6. Die Röllchen auf einem Teller anrichten, Tomatensugo darübergeben und servieren.

Die Preisübersicht

Mit folgenden Preisen habe ich gerechnet. Die Angaben in Euro beziehen sich auf den Preis in Kilogramm oder Liter.

Ahornsirup	24 € / l	Grüne Bohnen	5 € / kg
Apfel	1,50 € / kg	Grüne Bohnen (TK)	4 € / kg
Aubergine	5 € / kg	Grünkohl	3,50 € / kg
Avocado	10 € / kg	Gurke	2 € / kg
Balsamico	7,60 € / l	Hackfleisch (gemischt)	10 € / kg
Basilikum (getrocknet)	11 € / kg	Hähnchenbrust	15 € / kg
Basilikum	40 € / kg	Hähnchenfleisch	8 € / kg
Blumenkohl	2 € / kg	Honig	15 € / kg
Brokkoli	4 € / kg	Hühnerbrühe	0,47 € / l
Brötchen	4,50 € / kg	Ingwer	4 € / kg
Butter	7,20 € / kg	Jakobsmuscheln	30 € / kg
Buttermilch	1,60 € / l	Karotte	1,50 € / kg
Butterschmalz	10,40 € / kg	Kartoffeln	1,50 € / kg
Cashewnüsse	25 € / kg	Kerbel	20 € / kg
Chilischote	13 € / kg	Kichererbsen	4,60 € / kg
Chorizo	20 € / kg	Knoblauch	8 € / kg
Crème fraîche	3 € / kg	Knollensellerie	2 € / kg
Curryblätter	180 € / kg	Kohlrabi	2,60 € / kg
Datteln	11 € / kg	Kokosmilch	4 € / kg
Dijon-Senf (körnig)	13,50 € / kg	Koriander	25 € / kg
Dijon-Senf (normal)	10 € / kg	Kürbis	2 € / kg
Dill	65 € / kg	Kürbiskerne	19 € / kg
Eier	5 € / kg	Lauchzwiebel	4 € / kg
Erbsen	2,70 € / kg	Limette	4 € / kg
Erdnüsse	10 € / kg	Linsen	8 € / kg
Estragon	25 € / kg	Linsen (Puy)	7,40 € / kg
Feigen	11,70 € / kg	Lorbeer	460 € / kg
Feta	13 € / kg	Mangold	3 € / kg
Fischsoße	8 € / l	Mayonnaise	6 € / kg
Frischkäse	7 € / kg	Meerrettich	20 € / kg
Gemüsebrühe	0,31 € / l	Mehl	2 € / kg
Gorgonzola	18 € / kg	Mettwurst	18 € / kg

Milch	1,10 € / l	Sesamsamen	8 € / kg
Minze	13 € / kg	Sonnenblumenöl	3 € / l
Noilly Prat	17 € / l	Spinat	14 € / kg
Oliven	14 € / kg	Staudensellerie	3,50 € / kg
Olivenöl	9 € / l	Steckrübe	1,60 € / kg
Orangen	3,50 € / kg	Sternanis	40 € / kg
Paprika	5 € / kg	Sushi-Ingwer	6 € / kg
Parmesan	20 € / kg	Süßkartoffel	2 € / kg
Pecorino	20 € / kg	Tamarindenpaste	40 € / kg
Peperoni (rot)	15 € / kg	Thai-Currypaste (rot)	11,30 € / kg
Petersilie	20 € / kg	Thunfischfilet	45 € / kg
Petersilienwurzel	8 € / kg	(Sushi-Qualität)	
Pilze/Champignons	6 € / kg	Thymian	25 € / kg
Pinienkerne	60 € / kg	Tomaten (Cocktail)	4 € / kg
Provolone	16 € / kg	Tomaten (passiert)	2,10 € / l
Radicchio	5,60 € / kg	Tomaten (Strauch)	3 € / kg
Radieschen	3,20 € / kg	Tomaten (stückig)	2,80 € / kg
Rapsöl	5 € / l	Tomatenmark	8 € / kg
Ricotta	8 € / kg	Wacholderbeeren	107 € / kg
Rindergulasch	15 € / kg	Walnüsse	17,50 € / kg
Risotto-Reis	5 € / kg	Weiße Bohnen	3 € / kg
Rosenkohl	2,65 € / kg	(getrocknet)	
Rosmarin	25 € / kg	Weißkohl	1,80 € / kg
Rotkohl	1,80 € / kg	Weißwein	5 € / l
Rucola	12 € / kg	Weißweinessig	7,90 € / l
Sahne	3,60 € / l	Wirsing	2 € / kg
Salbei	25 € / kg	Ziegenfrischkäse	20 € / kg
Sauerkraut	2 € / kg	Ziegenkäse	25 € / kg
Saure Sahne	2,80 € / l	Zitrone	5 € / kg
Schalotten	6 € / kg	Zitronengras	20 € / kg
Schinken	25 € / kg	Zitronensaft	9 € / l
Schinkenspeck	28 € / kg	Zucchini	2 €
Schnittlauch	65 € / kg	Zucchini (gelb)	5 € / kg
Senf (mittelscharf)	5,20 € / kg	Zuckerschoten	13 € / kg
Sesamöl	20 € / l	Zwiebel	3 € / kg
Sesampaste	7,31 € / kg	Zwiebel rot	4 € / kg

Was wollen Sie essen? –
Der kleine Geschmacks-Index

Etwas, das immer schmeckt –
Klassiker für jeden Tag

* Kalte Kartoffel-Senfsuppe (S. 19)
* Blumenkohl-Hähnchen-Curry (S. 39)
* Senfeier mit Blumenkohlpüree (S. 43)
* Einfaches Hühnerfrikassee (S. 46)
* Bohnen mit Schinken und Paprika (S. 42)
* Steckrübeneintopf mit Mettwurst (S. 49)
* Zucchinispaghetti mit ungarischer Carbonara (S. 52)
* Auberginenpizza (S. 50)

Etwas, das ich noch nie gegessen habe –
exotische Küche

* Scharfer Bohnen-Salat mit Walnüssen und Zitrone (S. 25)
* Wintersalat mit Sesamdressing (S. 28)
* Rindergulasch Thai-Style (S. 36)
* Zucchininudeln mit Knoblauchpilzen (S. 48)
* Shakshuka (S. 54)
* Auberginen-Pilz-Curry (S. 56)